AF186058

Die Mondglockenblume
und andere Vorlesegeschichten

Die Bastei Lübbe AG verfolgt eine nachhaltige Buchproduktion. Wir verwenden Papiere aus nachhaltiger Forstwirtschaft und verzichten darauf, Bücher einzeln in Folie zu verpacken. Wir stellen unsere Bücher in Deutschland und Europa (EU) her und arbeiten mit den Druckereien kontinuierlich an einer positiven Ökobilanz.

Originalausgabe

© Akkord Film / Bastei Lübbe AG
Copyright © 2022 by Bastei Lübbe AG, Köln

Cover und Serienbilder: Akkord Film Produktion GmbH, Berlin
Umschlag-, Innengestaltung und Satz: Thomas Krämer
Gesetzt aus der Chaparral Pro
Druck und Einband: Livonia Print, Riga

Unter Verwendung der Bilder aus der Fernsehproduktion »Petronella Apfelmus – Die Serie«
Seriendesign © by Akkord Film Produktion GmbH nach den Büchern von Sabine Städing,
illustriert von SaBine Büchner
Eine Akkord Film Produktion in Koproduktion mit SERU und ZDF

Printed in Latvia
ISBN 978-3-414-82645-9

5   4   3   2   1

Sie finden uns im Internet unter www.boje-verlag.de

Die Mondglockenblume
und andere Vorlesegeschichten

Nacherzählt von Diana Steinbrede

Nach den Drehbüchern von

Claudio Winter und Eckart Fingberg

Basierend auf der Buchreihe »Petronella Apfelmus« von Sabine Städing

(Illustrationen SaBine Büchner)

Inhalt

Die Mondglockenblume

Im Apfelhaus von Petronella Apfelmus gibt es heute hohen Besuch: Oberhexe Pestilla ist da. Es ist Zaubertrankzeit, und die Oberhexe überwacht das Brauen des Blütenprachttranks. Dieses Jahr soll nichts schiefgehen.

„Nicht so schnell! Vorsichtig, Petronella, vorsichtig!" Pestilla schaut skeptisch zu, wie die Apfelhexe den Inhalt eines kleinen Fläschchens in den brodelnden Hexenkessel gießen will. „Beim Blütenprachttrank ist Spechtspucke ja die wichtigste Zutat", sagt Pestilla oberlehrerhaft. „Es müssen hexenhaargenau sieben Tropfen sein. Ach, lass mich das lieber machen." Damit nimmt sie Petronella kurzerhand das

Fläschchen ab und hält es hochkonzentriert über den Kessel. Genau in diesem Moment fliegt die Tür auf, schubst Pestilla Richtung Kessel und das ganze Fläschchen plumpst hinein. Die Zwillinge Lea und Luis stürmen mit lautem Hallo ins Apfelhaus.

Gleichzeitig macht es „PUFF!", und aus dem Kessel steigt blitzschnell eine Leiter empor. Sie kippt und fällt so auf Pestilla, dass ihr Kopf zwischen den Sprossen hervorlugt.

„Oh!" Die Zwillinge schauen verlegen zwischen Apfel- und Oberhexe hin und her. Dabei müssen sie sich allerdings das Kichern verkneifen.

„Was gibt's da zu lachen?", fragt Pestilla mürrisch.

„Das tut uns wahnsinnig leid!", sagt Lea.

Pestilla schiebt sich zornig die Leiter vom Kopf. „Kein Wunder, dass dein Garten nicht halb so prächtig blüht wie er könnte! Immer diese Menschenkröten!", schimpft sie.

Doch das lässt Petronella nicht auf ihren Freunden sitzen. „Mein Garten blüht genau richtig. Und das nicht zuletzt dank Lea und Luis!", erklärt sie streng.

„Pah!" Die Oberhexe schnaubt abfällig. „In der gesamten Hexheitsgeschichte haben Menschen und Hexen noch nie erfolgreich zusammengearbeitet."

„Also wir schon!", widerspricht Petronella und stellt sich zu den Zwillingen.

Pestilla überlegt kurz, dann huscht ein hämisches Grinsen über ihr Gesicht und sie ergreift das Hexenbuch. „Gut, dann beweist es mir!" Sie schlägt das Hexenbuch auf und zeigt ihnen das Bild einer wunderschönen Blume, die wie eine Glockenblume mit samtig blauen Blüten aussieht. Darüber steht der Vollmond. „Die Mondglockenblume", verkündet Pestilla. „Sie sprießt über Nacht. Ihr müsst nur einen Glocken- blumensamen nehmen ..."

Sie schnippt mit den Fingern und ein Samenkorn fliegt in ihre Hand. „... und mit ein paar Tropfen Hexenschwapps in einen *Mond*glockenblumensamen verwandeln. Wenn ihr so ein tolles Team seid, kriegt ihr das bestimmt bis morgen früh gemeinsam hin." Selbstgefällig lächelnd lässt die Oberhexe den Samen in Petronellas Hände schweben.

„Wir haben schon viel härtere Nüsse geknackt", antwortet Petronella unbeeindruckt.

„Dann habt ihr bestimmt nichts dagegen, wenn ich morgen früh vorbeikomme, um mir eure Mondglockenblume anzusehen", sagt Pestilla und verlässt das Apfelhaus. Sie schließt die Tür hinter sich und lächelt listig. „Ich meine: *nicht* anzusehen!", fügt sie leise hinzu. Mit einem fiesen Lachen marschiert sie davon.

Petronella und ihre Freunde schreiten sofort zur Tat. Sie sammeln alle Zutaten, und kurz darauf haben sie auf einem Stein im Garten allerlei Fläschchen aufgereiht. Auch Hirschkäfer Lucius hat sich zu ihnen gesellt und hilft fleißig mit.

Lea liest aus dem Hexenbuch vor: „Granatapfelgranulat, nassforsches Froschquaken und Kamillenhextrakt."

Petronella nickt. „Bis auf frisch geschnittenes Schatten-kraut haben wir alles für das Hexenschwapps!"

„Wäre doch gelacht, wenn wir das zusammen nicht hinkriegen!", meint Lucius und reibt sich die Hände.

Da stutzt Lea jedoch. „Moment! Hier steht: ‚Anschließend muss das Hexenschwapps sieben Tage gerührt werden, bevor man es auf den Samen gibt.'"

„Sieben Tage?!", rufen die anderen wie aus einem Mund.

„Zeig mal." Die Apfelhexe nimmt Lea das Hexenbuch ab und studiert das Rezept. „Tatsächlich. Pestilla hat uns reingelegt und uns eine unmögliche Aufgabe gestellt!"

Die Freunde schauen sich niedergeschlagen an. Bis auf Luis, denn der hat eine Idee: „Vielleicht unmöglich für Hexen, aber nicht für Hexen und Menschen gemeinsam!" Dann wendet er sich an Petronella und Lucius. „Ihr holt das Schattenkraut – und wir was zum Turborühren!"

Während Petronella und Lucius sich in die Finsterhecke schleichen, wo sie vom Heckenschrat Dornwald etwas Schattenkraut stibitzen, schlüpfen Luis und Lea heimlich in die Wohnküche vom Müllerhaus. Denn dort befindet sich das, was Luis im Sinn hat: Das Rührgerät seines Vaters. Doch da kommt gerade Paul Kuchenbrand in die Küche. Lea und Luis verstecken sich. Sobald er weg ist, schnappen sie sich die Küchenmaschine und schleichen zurück in den Apfelgarten.

Endlich steht das Rührgerät im Garten neben allen Zutaten für das Hexenschwapps bereit. Petronella gibt zufrieden das frisch geschnittene Schattenkraut in die Rührschüssel.

Lea hat gerechnet und etwas in ihr Notizheft gekritzelt, das sie nun triumphierend über den Kopf hält. „Und jetzt genau 97 Minuten bei 1500 Umdrehungen rühren", verkündet sie.

Petronella holt eine Energiedose hervor und öffnet sie. Eine rosa Energiewolke strömt heraus und umhüllt das Gerät, das sofort zu rühren beginnt. „Wofür so eine Energiedose alles gut ist", bemerkt Luis.

Lucius nickt zufrieden. „Ein Menschengerät, betrieben mit Hexenenergie – damit hat Pestilla wohl nicht gerechnet."

Die Zwillinge und Petronella lächeln.

Nach genau 97 Minuten schaltet Petronella das Gerät aus. Die Sonne geht bereits unter. Alle schauen gespannt in die Schüssel. Die Flüssigkeit beginnt wahrhaftig blau zu leuchten!

„Es klappt!", ruft Lea begeistert.

„Wir haben Hexenschwapps!", jubeln alle zusammen.

Petronella schwingt den Zauberstab und träufelt ein paar Tropfen Hexenschwapps auf den Samen, den sie in der Hand hält. Er fängt sofort an zu leuchten.

„Unser Mondglockenblumensamen!", sagt Petronella zufrieden.

Sobald der Mond hinter den Wolken am Himmel schimmert, gehen die Freunde zu der Stelle, an der die Mondglockenblume wachsen soll. Petronella steckt den leuchtenden Samen feierlich in die Erde und Lea gießt die Stelle mit einer Gießkanne.

„Jetzt fehlt nur noch Mondlicht", sagt Petronella.

Alle warten gebannt.

Langsam ziehen die Wolken weiter und geben den Mond frei. Als ein breiter Mondstrahl auf die Samenstelle trifft, beginnt die Erde unter ihren Füßen zu beben. Etwas Gewaltiges schießt aus dem Boden hervor. Luis und Lucius werden ins Gras geschleudert, während Lea und Petronella zurückweichen.

Dann hört das Beben auf und über ihren Köpfen thront eine prächtige Mondglockenblume, die genauso aus-sieht wie im Hexenbuch. Ihre wundervollen blauen Blüten funkeln im Mondlicht. Staunend schauen die Freunde an ihr hoch.

„Funkelnde Unkentunke, ist die schön!", ruft Petronella begeistert. „Und Potzdonnerblitz – ging das schnell!"

Auch Lucius steht ganz andächtig da. „Tja, so ist das eben, wenn Hexen zaubern und Menschen mitmischen."

Als am nächsten Morgen gerade die Sonne aufgeht, fliegt Pestilla bereits über den Garten. Voller Schadenfreude kichert sie vor sich hin und murmelt: „Da soll noch mal einer sagen, Oberhexen hätten keinen Sinn für Humor!"

Doch als ihr Blick nach unten fällt, hält sie irritiert ihren Besen an. „Was zum Estragon?! Das sieht doch …" Sie geht in den Sinkflug und umkreist erstaunt die Mondglockenblume.

„Aber ... das kann doch nicht ...! Wie haben sie ...?" Fassungslos landet sie auf einem Blatt in der Nähe und überlegt.

„Petronella und diese Menschenkinder sollen etwas geschafft haben, das keine

Hexe so schnell hinbekommen hätte?" Sie schüttelt entsetzt den Kopf. „Was, wenn sich das rumspricht? Nein, das darf auf keinen Fall passieren." Also zückt sie ihren Zauberstab und murmelt:

„Donnerschlag und Kieselstein,
verhext sei dieses Blümelein:
nicht mehr zu schön, um wahr zu sein!"

Ihr Zauberstrahl trifft auf die Blume, deren Blüten sich auf der Stelle dunkelbraun färben. Blätter und Stängel werden hellbraun. Überrascht mustert Pestilla ihren Zauberstab.

„Oh, starke Wirkung. Aber was, wenn Petronella dagegenhext?" Sie überlegt kurz. „Ah, ich weiß:

Und wage sich keiner in die Nähe
dieser Blume, wehe, wehe!"

Mit einem lauten Knall trifft ein zweiter Zauberstrahl die
Blume. Pestilla klatscht zufrieden in die Hände. Da hört sie,
dass Lucius im Anflug ist, den das laute Knallen bei seiner
Morgengymnastik gestört hat. Rasch versteckt sie sich,
während Lucius um die Glockenblume herumfliegt.

"Was ist denn hier passiert?", brummt er. "Was? Oje, das
kann doch nicht ... HOPPLA!" Er landet auf einer Blüte, um
sie genauer zu betrachten – da schnappt sie zu und nur noch
der Kopf des Hirschkäfers guckt heraus. "Gestern war mir
diese Blume noch weitaus sympathischer", murrt er.

Pestilla sieht aus ihrem Versteck betroffen zu. „So war der Schutzzauber nicht gemeint ...“, murmelt sie vor sich hin.

Lucius versucht sich zu befreien, doch er hat keine Chance. „He! Ich bin ...! Ich meine, ich stecke ...! Herrje, man muss es sehen, um es zu verstehen. Hört mich denn niemand?!“

Sein Rufen dringt bis zum Baum der Apfelmännchen, die gerade aufgestanden sind. Die drei machen sich sofort auf den Weg, um zu sehen, was da los ist.

Wenig später fliegt Petronella gemeinsam mit Lea und Luis auf ihrem Hexenbesen durch den Garten.

„Ich bin so gespannt auf unsere Blume bei Tageslicht!“, freut sich Lea.

„Und ich auf den Gesichtsausdruck vom Oberdrachen", sagt Luis.

Petronella lächelt verschmitzt. „Zu viert sind wir eben die … Moment mal, wieso ist Lucius nicht auf seinem Sportblatt?" Sie hält kurz inne, als sie das Blatt erreichen, auf dem der Hirschkäfer noch vor Kurzem seine Dehnübungen gemacht hat.

„Vielleicht konnte er es auch nicht mehr abwarten, die Blume zu sehen!", meint Luis achselzuckend.

Also fliegen sie weiter zur Mondglockenblume – und trauen ihren Augen kaum.

„Ach, du schleimiger Schnirkelschneck!", ruft Petronella entsetzt.

„Unsere schöne Blume!", fügt Luis traurig hinzu.

Auch Lea lässt die Schultern hängen. „Haben wir etwa doch etwas falsch gemacht?"

Da meldet sich Lucius aus seinem Blütengefängnis. „Petronella? Endlich!"

„Petronella kann sicherlich helfen", murmelt Pestilla, die immer noch in ihrem Versteck hockt.

Jetzt erst sehen die drei Freunde den Hirschkäfer.

„Lucius! Was machst du da?", wundert sich Petronella.

„Ach, der ist nur ein bisschen eingeschnappt", antwortet Karottenwams. Der Blick der Freunde gleitet überrascht ein Stück nach unten, wo Karottenwams, zusammen mit Rübenbach, ebenfalls in einer Blüte festsitzt.

„Genauso wie wir!", kichert Rübenbach.

Eine Blüte weiter entdecken sie dann auch noch den grimmig dreinschauenden Gurkenhut.

Die Apfelhexe steuert auf Lucius zu, packt den Käfer im Flug am Geweih und zieht – jedoch ohne Erfolg. Durch den

Ruck verliert Petronella allerdings das Gleichgewicht und fällt vom Besen. Bevor Gurkenhut sie warnen kann, purzelt sie in eine Blüte und wird ebenfalls gefangen. Die Zwillinge legen mit dem Besen unbeholfen eine Notlandung hin.

Pestilla hat die ganze Szene besorgt beobachtet. Doch ihre Hoffnung, dass Petronella schon alles richten würde, ist nun dahin. Muss sie vielleicht doch einschreiten?

Die Zwillinge rappeln sich auf
und schauen nach oben.

„Womit auch geklärt
wäre, wie wir hier
reingeraten sind",
murmelt Gurkenhut
bedröppelt.

Petronella versucht,
sich freizukämpfen,
schafft es aber nur, ihre Arme
samt Zauberstab zwischen den
Blütenblättern hervorzuzwängen.

„Lirum larum Apfelkompott,
öffne die Blüten, und zwar flott!
Hex Höx!"

Der Zauberstrahl trifft auf die Blüte der Mondglockenblume –
doch er prallt einfach davon ab, ohne eine Wirkung zu
zeigen!

Verdutzt schaut die kleine Apfelhexe auf ihren Zauberstab.
„Nanu, das gibt's doch gar nicht!"

„Was machen wir denn jetzt?", fragt Luis geknickt.

„Diese bescheuerte Mondglockenblume ...", jammert Lea.

„Die *wir* gepflanzt haben ...", fährt Luis fort.

„Vielleicht sind Menschen und Hexen doch kein so tolles Team", stellt Lea fest und lässt den Kopf hängen.

„Was redet ihr da?", ertönt plötzlich Pestillas Stimme.

Die Zwillinge fahren herum und die Oberhexe kommt auf ihrem Besen aus ihrem Versteck hervorgeflogen.

„Pestilla ...", stammelt Lea. „Sie hatten recht ..."

Doch die Oberhexe blickt ziemlich schuldbewusst drein.

„Nun ja, also ... ganz so einfach ist das nicht. Eigentlich habe ich ... ich meine, diese Blume! Irgendwas stimmt nicht damit. Also ... sie übertreibt eindeutig ..."

Keiner versteht, was Pestilla überhaupt sagen will. Als sie die verwirrten Blicke bemerkt, räuspert sie sich. „Ich bereite dem Spuk jetzt ein Ende."

Sie fliegt auf ihrem Hexenbesen über die Blume und schwingt ihren Zauberstab:

„Hexenfluch und Meisterstück,
Zauber, drehe dich zurück.
Ich bestimme ganz allein,
die Blume soll wie vorher sein!"

Aus ihrem Stab schießt ein Zauberstrahl auf die Blume. Doch der prallt ebenfalls ab – und trifft stattdessen Pestilla! Sie taumelt und verliert das Gleichgewicht. Mit einem Aufschrei purzelt sie von einem Blütenkelch auf den nächsten und landet dann auf einer der unteren Blüten – die sofort zuschnappt. Zum Glück bleiben ihre Hände frei.

„Neeeeeein!", rufen Zwillinge und Apfelmännchen erschrocken. Nur Petronella schaut die Oberhexe verwundert an.

„Aber Pestilla, das war ja dein Stück-Zurück-Zauber. Der wirkt doch nur, wenn du vorher selbst einen Zauber gesprochen hast ... Moment! Heißt das etwa, *du* hast unsere Blume verzaubert?"

Pestilla lässt erschöpft die Hände sinken. „Na gut, ich geb's zu. Ich habe die Blume ein klein wenig verhext."

„Waaas?", entfährt es Luis, Lea und den Apfelmännchen entgeistert.

Pestilla rüttelt an der Blüte. „Aber sie hat viel stärker reagiert als sie sollte!"

Eine betretene Stille tritt ein. Niemand weiß, was man jetzt sagen, geschweige denn tun könnte. Pestilla grübelt eine Weile hin und her. Dann murmelt sie: „Also ... wir könnten versuchen, unsere Hexenkraft zu bündeln. Wenn Petronella und ich den Spruch gemeinsam sagen ... und ihr alle mit uns mitsprecht ..."

„Also auch Lea und Luis?", fragt Lucius.

Die Geschwister schauen sich an und grinsen.

„Ja", räumt Pestilla missmutig ein. „Auch Lea und Luis."

„Also Hexen und Menschen gemeinsam?", hakt Petronella noch einmal nach und kann sich ein verschmitztes Lächeln nicht verkneifen.

„Je mehr Stimmen, desto stärker die Wirkung", knurrt Pestilla zähneknirschend. „Besser, wir ziehen alle an einem Strang."

„Und am besten in die gleiche Richtung", ergänzt Karottenwams.

Die Zwillinge strahlen übers ganze Gesicht und klatschen sich ab. Die beiden Hexen halten also ihre Zauberstäbe in die Höhe und auch alle anderen machen sich bereit. Petronella zählt bis drei, und dann legen sie alle zusammen los:

„Hexenfluch und Meisterstück,
Zauber, drehe dich zurück.
Wir bestimmen nun im Chor,
Blume sei ganz wie zuvor!
Drei, zwei, eins ..."

Die Zauberstrahlen aus den beiden Stäben bündeln sich und bilden einen Kreis um die gesamte Mondglockenblume. Zuerst passiert nichts. Doch dann verfärbt sich die Blume in ihre ursprünglichen Farben! Als die Blüten wieder in samtigem Blau erstrahlen, öffnen sie sich und lassen ihre jubelnden Gefangenen zu Boden plumpsen.

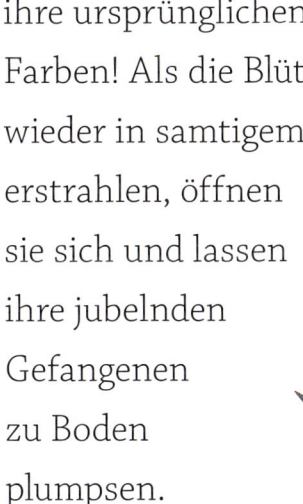

Lea und Luis fallen Pestilla um den Hals und die Oberhexe läuft rot an.

„Schon gut, schon gut", schnarrt sie. „Ich gebe zu, dass Hexen und Menschen*kinder* gemeinsam manchmal doch etwas erreichen können." Dann blickt sie fragend an der Blume empor. „Aber ich verstehe immer noch nicht, wie ihr das Hexenschwapps so schnell hinbekommen habt."

„Na, mit ein bisschen menschlicher Turbo-Hilfe", erklärt Petronella, hebt ihren Zauberstab und lässt mit einem Augenzwinkern das Rührgerät herbeifliegen.

Pestilla reißt die Augen auf. „Holterdiepolter! Haltstopp! Damit habt ihr das Hexenschwapps verrührt?"

„Genau. 1500 Umdrehungen pro Minute!", verkündet Luis stolz.

„Aber ..." Pestilla fehlen vor Empörung fast die Worte. „Damit habt ihr die Wirkung verstärkt – und somit auch die Zaubersprüche!"

Petronella will ihre Freunde verteidigen. „Du wolltest doch, dass ...", fängt sie an, doch Pestilla fällt ihr ins Wort: „Wisst ihr überhaupt, was das bedeutet?"

Alle werfen sich unbehagliche Blicke zu. Gleich wird das Donnerwetter kommen. Da ruft Pestilla begeistert aus: „Dass ich unbedingt auch so ein Menschending brauche!"

Alle brechen erleichtert in Gelächter aus, und selbst Pestilla stimmt mit ein. Da werden uns wohl bald in Petronellas Hexengarten noch ein paar weitere Turbo-Zauber erwarten ...

Das Blaue Wunder

Im Garten von Petronella Apfelmus herrscht heute geschäftiges Treiben. Die Apfelmännchen Gurkenhut, Rübenbach und Karottenwams reparieren nämlich mit Petronellas Hilfe die Leuchtkugeln der Pilze. Gerade als sie eine davon die Leiter hinaufreichen, um sie wieder unter dem Pilzhut festzuschrauben, kommen die Zwillinge Lea und Luis angerannt.

„Hier steckt ihr!", ruft Lea völlig außer Atem. „Petronella, wir brauchen deine Hilfe. Wir haben den ganzen Garten abgesucht und nur ganz wenige Blaubeeren gefunden ..."

Luis zeigt ihr ein Körbchen mit der spärlichen Ausbeute und erklärt: „Papa braucht aber ganz viele für seine berühmte Käseblaubeertorte!"

„Na, dann ist es ja für einen guten Zweck!", erwidert
Petronella lächelnd und schwingt ihren Zauberstab:

„Lirum larum Apfelwein,
der Korb soll voller Beeren sein.
Hex Höx!"

Im Nu ist der Korb mit köstlichen Beeren gefüllt. „Wow,
genial!", rufen Lea und Luis. Die Apfelmännchen schnappen
sich sofort ein paar und stecken
sie in den Mund.
„Köstlich", „Eins A",
„Beerenstark",
rufen sie begeistert,
als sie die leckeren
Beeren aufgefuttert
haben. Alle lachen, dann
bedanken sich Lea und Luis und eilen davon.

Als Herr Kuchenbrand später auf der Caféterrasse seiner Stammkundin Frau Sander die ultraleckere Käseblaubeertorte serviert, stehen Lea und Luis stolz daneben.

„Käseblaubeertorte à la Kuchenbrand, mit Blaubeeren aus dem Garten", verkündet ihr Vater. „Extra frisch gepflückt von Lea und Luis."

„Die sieht ja ganz vorzüglich aus!", staunt Frau Sander und probiert gleich einen Bissen. „Mmmmmh, fantastisch!"

Herr Kuchenbrand wuschelt seinen Kindern anerkennend durchs Haar und geht zurück ins Café, während Frau Sander genüsslich weiterisst. Die Zwillinge zwinkern sich zu, als plötzlich – oje, was ist das denn? Frau Sanders Gesicht ist ja blaubeerenblau angelaufen! Entgeistert starren Lea und Luis sie an.

„Das sind wirklich die köstlichsten Blaubeeren, die ich je gegessen habe", schwärmt Frau Sander.

„Ähm ja … klar … natürlich, also …", stammelt Luis. „Wir nehmen immer nur die allerblausten … äh … die allerallerleckersten …"

Die beiden schauen besorgt zum Café hinüber. Was sollen sie tun, wenn ihr Vater zurückkommt? Oder womöglich ein anderer Gast? Da sieht Lea auf dem Nachbartisch eine Zeitschrift liegen und drückt sie Frau Sander rasch in die Hand.

„Hier! Da ist ein total spannender Artikel über … ähm … Strandkörbe drin. Den müssen Sie einfach lesen!"

„Strandkörbe?" Eine unangenehme Pause entsteht, bis Frau Sander ausruft: „Ich liebe Strandkörbe!"

Lea lächelt erleichtert und verschwindet mit Luis hinter einem Busch neben der Terrasse zur Lagebesprechung. Frau Sanders Kopf ist nun zum Glück erst mal hinter der Zeitschrift versteckt.

„Das muss an Petronellas Blaubeeren liegen", flüstert Lea. Denn welche Erklärung sollte es sonst für die komische Gesichtsfarbe von Frau Sander geben? Bei dem Zauber muss irgendwas schiefgegangen sein …

„Wir müssen sofort zu ihr!" Luis will schon losflitzen, doch Lea hält ihn zurück.

„Luis, warte! Und was machen wir mit Papa?"

Luis schaut nachdenklich drein. Doch da hat Lea die rettende Idee: „Geh du zu Petronella und ich sage Papa, dass ich heute bediene."

Im Apfelhaus hat Petronella unterdessen ihre eigenen Probleme mit den Auswirkungen des Blaubeerzaubers. Die drei Apfelmännchen sitzen vergnügt – und ebenfalls ganz blau – auf ihrem Sofa. Petronellas Zauberbuch liegt

aufgeschlagen auf dem Ständer und auf dem Herd köchelt ein Zaubertrank im Kessel.

„Es tut mir leid, ihr Lieben! Aber wir kriegen das in nullkommahex wieder hin, versprochen!", sagt Petronella zerknirscht.

„Ach wo, 'nen Tag blau machen muss ja auch mal drin sein!", meint Rübenbach lachend.

Und Karottenwams scherzt: „Vielleicht kommen wir ja mit einem blauen Auge davon!"

Die Apfelmännchen kriegen sich gar nicht mehr ein vor Lachen. Petronella füllt inzwischen eine grüne Flüssigkeit aus dem Kessel in drei Gläser und hält sie den Blauköpfen hin.

„Ein Glas Kräuterkraftsaft wirkt Wunder. Ihr werdet sehen. Trinkt!"

Die Apfelmännchen nehmen jeder ein Glas und trinken es aus. Sofort laufen ihre Gesichter grün an. In dem Moment platzt Luis hierein.

„Petronella, Frau Sander ist blau!", ruft er.

Die Apfelmännchen gucken sich an und prusten erneut los.

Luis stutzt und schaut sie verdattert an. „Und warum seid ihr grün?"

Petronella zeigt auf den Kessel. „Das liegt an meinem Kräuterkraftsaft. Er gleicht die Farben hex höx wieder aus."

Die Apfelmännchen lachen immer noch, während ihre Gesichter plötzlich wieder holzfarben werden. Petronella lächelt zufrieden. „Na bitte!"

Als die Apfelmännchen merken, dass sie wieder ganz normal aussehen, sind sie fast ein bisschen enttäuscht.

„Super!", ruft Luis. „Davon brauche ich auch was. Aber schnell, bevor Papa oder womöglich Frau Sander noch was merken."

Petronella füllt Luis etwas Saft in eine Flasche ab und er eilt zurück zum Café. Jetzt müssen sie nur noch Frau Sander irgendwie dazu bringen, von dem grünen Gebräu zu trinken …

„Was ist denn da drin?", fragt Frau Sander skeptisch.

Die Zwillinge haben ihr das Getränk als brandneue, selbst entwickelte Limonade angepriesen, die sie als Feinschmeckerin einfach probieren MUSS.

„Grüne Trauben!", ruft Lea, während Luis im gleichen Moment ruft: „Minze!" Die Zwillinge wechseln einen raschen Blick.

„Also … Trauben und Minze!", erklärt Lea schnell.

„Wirklich? Da bin ich aber gespannt." Frau Sander schnuppert an dem Glas. „Komisch. Ich rieche weder Minze noch Traube. Soll ich das wirklich trinken?"

Petronella ist unterdessen mit ihrem Besen auf einem der Sonnenschirme des Cafés gelandet und zückt nun ihren Zauberstab:

„Lirum larum Apfelsack,

hab Trauben- und auch Minzgeschmack.

Hex höx!"

Gerade noch rechtzeitig trifft der Zauberstrahl auf das Getränk, als Frau Sander das Glas an die Lippen führt. Sie trinkt und schmatzt prüfend. Dann ruft sie: „Sie schmeckt … fabelhaft! Eine wahre Explosion frischer Minze und süßer Trauben!"

Bei dem Wort „Explosion" verfärbt sich ihr Gesicht grün und Lea und Luis strahlen erleichtert. Frau Sander trinkt weiter und schließt genüsslich die Augen. Doch ihr Gesicht – bleibt grün. Lea und Luis sehen sie nervös an.

„Sollte sie jetzt nicht wieder normal werden?", flüstert Lea ihrem Bruder zu.

„Eigentlich schon", überlegt Luis.

Die beiden schauen zu Petronella hinüber, die ratlos die Schultern hebt. Frau Sander öffnet die Augen.

„Einfach köstlich. Und sehr erfrischend." Doch dann bemerkt sie, wie die Zwillinge sie anstarren. „Was guckt ihr denn so? Hab ich meinen Lippenstift verschmiert?" Sie greift in ihre Handtasche und zieht einen Taschenspiegel hervor.

„Nein, nein, er sitzt perfekt!", rufen Lea und Luis entsetzt und Frau Sander zuckt zusammen. Petronella schwingt erneut den Zauberstab. Der Spiegel rutscht Frau Sander wie

eine flutschige Seife aus der Hand, fliegt durch die Luft, prallt
an einen Blumentopf und landet klirrend auf dem
Terrassenboden.

„Oh nein …", sagt Lea gespielt traurig und sammelt die
Scherben auf, während Frau Sander aufsteht und sich die
Bescherung ansieht. Lea hält ihr betrübt die Spiegelscherben
hin.

Doch da naht bereits die nächste Gefahr. Herr
Kuchenbrand kommt aus der Backstube! Rasch greift Luis
nach dem Rest der grünen Limonade und trinkt ihn aus.
Sofort läuft sein Gesicht grün an. Er hält sich den Bauch, als
ginge es ihm furchtbar schlecht, und geht mit gequältem
Gesichtsausdruck auf seinen Vater zu.

„Papa! Mir geht's nicht so gut", sagt er kläglich.

„Luis, du Armer, du bist ja ganz grün im Gesicht!", ruft
Herr Kuchenbrand erschrocken.

Luis stöhnt und beginnt zu taumeln.

„Du musst sofort ins Bett!" Herr Kuchenbrand stützt Luis
am Arm und bringt ihn ins Haus – noch bevor Frau Sander
an ihren Platz zurückkehrt. Sie seufzt und steckt den
kaputten Spiegel wieder ein.

„Nun ja, Scherben bringen Glück … Dann hätte ich jetzt
gerne die Rechnung."

Herr Kuchenbrand hat Luis unterdessen ins Bett gesteckt.
„Fieber hast du zum Glück keins", sagt er. „Ich mache dir

einen Magentee." Er drückt ihm noch einen Kuss auf die Stirn und verschwindet in die Küche. Sobald er die Zimmertür hinter sich geschlossen hat, hört Luis Geplapper und Gelächter. Er springt aus dem Bett und schaut durchs geöffnete Fenster. Auf dem Fensterbrett sitzen die

Apfelmännchen mit einem Fernrohr.

„Was macht ihr denn hier?", fragt Luis.

„Meinst du, wir lassen uns Blau Sander entgehen?", kichert Karottenwams.

„Du meinst GRÜN Sander!", verbessert ihn Rübenbach lachend.

„Aber warum ist sie grün geblieben?", wundert sich Gurkenhut.

Luis zuckt mit den Schultern. Wenn er das wüsste, dann würde er jetzt nicht selbst mit grünem Gesicht in seinem

Zimmer hocken und hilflos zusehen, wie Lea und Petronella sich heimlich beratschlagen.

„Jetzt ist auch noch Luis weg! Und dein Kräuterkraftsaft hilft nicht!", jammert Lea.

Petronella kratzt sich am Kopf. „Bei den Apfelmännchen hat er sofort gewirkt …", murmelt sie.

„Was machen wir denn jetzt? Frau Sander möchte bezahlen und ich kann sie nicht länger hinhalten."

Wie aufs Stichwort meldet Frau Sander sich zu Wort: „Herr Kuuuuchenbraaaand!"

Lea und Petronella schauen sich erschrocken an.

„Ja?", ertönt Herr Kuchenbrands Stimme aus dem Müllerhaus.

„Die Rechnung bitte!", trällert Frau Sander.

Die Tür vom Müllerhaus beginnt sich zu öffnen. Blitzschnell drückt Petronella sie mit einem Bewegungszauber wieder zu. Herr Kuchenbrand rüttelt an der Tür, doch die Apfelhexe hält dagegen, bis er schließlich aufgibt. Lea sieht durchs Fenster, wie ihr Vater nun zur Hintertür geht.

„Er geht andersrum!", ruft sie aufgeregt. Dann läuft sie kurz zu Frau Sander, um sie noch um ein bisschen Geduld zu bitten, und verschwindet im Laufschritt in der Backstube. Sie muss ihrem Vater unbedingt zuvorkommen. Petronella schaut ihr hinterher – und bemerkt nicht, dass Herr Kuchenbrand kehrtgemacht hat und nun doch aus der Vordertür kommt. Zum Glück sitzt Frau Sander mit dem Rücken zu ihm und hat gerade den Kopf gesenkt, um ihr Portemonnaie hervorzukramen. Doch gleich wird Leas Vater ihr Gesicht sehen! Fieberhaft überlegt Petronella, was sie tun kann. Schließlich flitzt sie auf ihrem Besen hinter die Ecke vom Müllerhaus, hext sich groß und streicht sich rasch den Rock glatt. Dann kommt sie aus ihrem Versteck und ruft: „Herr Kuchenbrand!"

Keine Sekunde zu früh, denn Frau Sander hebt schon den Kopf.

Herr Kuchenbrand dreht sich zu Petronella um. Sie ergreift seine Hand und schüttelt sie überschwänglich.

„Hallo, Frau … Frau …", stammelt er verdutzt.

„Frau Apfelmus!", hilft Petronella ihm und schüttelt weiter seine Hand.

„Frau Apfelmus, natürlich! Sehr schön, Sie wieder mal zu sehen."

„Sie müssen mir bitte helfen!" Petronella hakt sich energisch bei ihm ein und zieht ihn von Frau Sander weg zur Backstube. „Neulich habe ich eine vorzügliche … wie heißt das? … Limonase … nein: Limonade bei Ihnen getrunken!", plappert die Hexe drauflos.

„Eine Limonade?", fragt Herr Kuchenbrand verwundert.

„Lea … ich meine, Ihre Tochter … hat sie mir serviert. Wo ist sie denn?"

„Ich sehe mal nach ihr", gibt Herr Kuchenbrand schließlich
nach. Dann ruft er noch über die Schulter: „Ich bin gleich bei
Ihnen, Frau Sander!"

Als er endlich in der Backstube verschwunden ist, atmet
die kleine Apfelhexe erleichtert auf. Das wäre geschafft – erst
mal.

Luis und die Apfelmännchen haben vom Kinderzimmerfenster aus alles beobachtet.

„Puh, das war knapp", stöhnt Luis.

„Ja, aber dank Petronella ist alles wieder im grünen Bereich!", kichert Karottenwams und auch Rübenbach muss lachen. Luis schaut die beiden giggelnden Apfelmännchen an – und plötzlich geht ihm ein Licht auf.

„Jetzt hab ich's, Leute!", jubelt er.

Die Apfelmännchen schauen ihn fragend an.

„Als ihr den Kräuterkraftsaft getrunken habt, habt ihr gelacht! Dadurch …"

„… wurde er erst so richtig durchgemischt!", beendet Gurkenhut seinen Satz entzückt.

„Schnell, wir müssen Petronella Bescheid sagen!", ruft Luis aufgeregt.

Sie sind viel zu weit weg von der Apfelhexe, also muss die Wurf-Taktik herhalten: Karottenwams biegt sich rund wie ein Kreis, Luis nimmt ihn in die Hand, zielt und flitscht das Apfelmännchen zu Petronella hinunter.

Karottenwams landet in den Haaren der verdutzten Apfelhexe

und flüstert ihr die Lösung des Rätsels ins Ohr. Petronellas Gesicht hellt sich auf. Schnurstracks läuft sie zu Frau Sander

hinüber. Es wäre doch gelacht, wenn sie das Problem nicht im Handumdrehen gelöst hätte.

„Hallo, guten Tag und beste Grüße!", beginnt sie vergnügt und setzt sich zu Frau Sander an den Tisch. „Was macht eine Hexe bei Husten? Na husten!" Sie lacht laut.

Frau Sander blickt Petronella jedoch nur verwundert an und eine peinliche Stille tritt ein. Die Hexe versucht ihr Glück mit dem nächsten Witz. Es kann doch nicht so schwer sein, jemanden zum Lachen zu bringen, oder?

In der Backstube erklärt Lea ihrem Vater gerade, was es mit dem Getränk auf sich hat, das Frau Apfelmus unbedingt haben möchte: „... und heraus kam unsere eigene Limonade. Mit Minze aus dem Garten und Trauben, äh ... von Frau Apfelmus."

Herr Kuchenbrand ist begeistert. „Lea! Ihr seid ja waschechte Unternehmer! Wie Papa!"

Lea lächelt gequält. „Ja, nur ... leider ist unsere ganze Limo schon alle. Ich muss Frau Apfelmus wohl vertrösten."

Doch ihr Vater hält sie zurück. „Äh, warte. Bringt dich ein Kundenwunsch in Not, mach ihm ein Ersatzangebot! Ich zeig's dir. Blaubeertorte!"

Er nimmt ein Stück Blaubeertorte und eilt damit aus der Tür. Na, das lief jetzt gar nicht so wie geplant. Entsetzt stürzt Lea ihm hinterher.

Als die beiden in Richtung Caféterrasse gehen, versucht Petronella immer noch verzweifelt, Frau Sander zum Lachen zu bringen.

„... oder kennen Sie den? Warum haben Hexen einen Besen? Na? – Weil Staubsauger nicht so weit fliegen können!" Die Hexe lacht wieder auf, doch Frau Sander verzieht nur höflich die Lippen.

„Jaja, wegen des Kabels, verstehe."

Petronella blickt nervös zum Café und sieht mit Schrecken, dass Herr Kuchenbrand auf dem Weg zu ihnen ist.

„Äh ... einen hab ich noch!", versucht sie Frau Sander abzulenken und versperrt mit ihrem Hexenhut den Blick auf ihr Gesicht.

Lea tut indessen ihr Bestes, um ihrem Vater den Kuchen abzunehmen. Noch mehr Blaugesichter können sie heute wirklich nicht gebrauchen. Herr Kuchenbrand blickt sie verständnislos an, als sie nach dem Teller greift, und läuft einfach weiter. Da versucht Lea etwas ungeschickt, sich ihm in den Weg zu stellen und er stolpert über ihren Fuß. Die beiden purzeln übereinander, das Kuchenstück segelt samt Teller durch die Luft und landet mit einem lauten PLATSCH auf den Köpfen von Herrn Kuchenbrand und Lea.

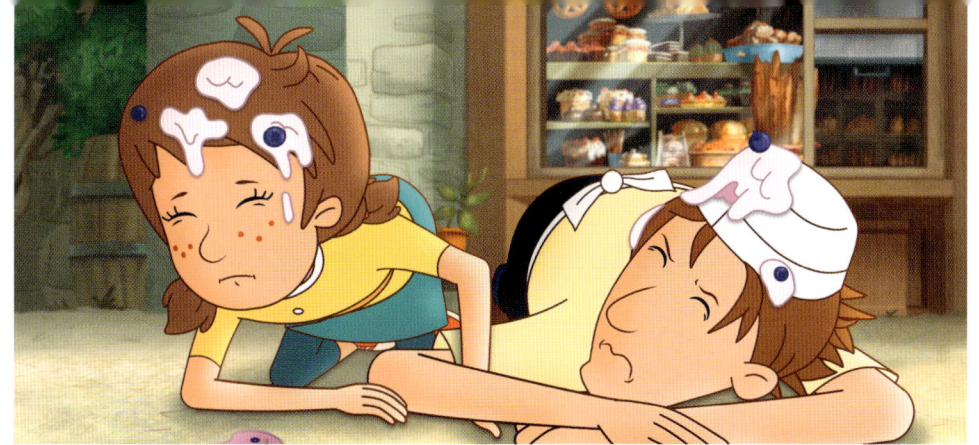

Frau Sander, die alles beobachtet hat, beginnt laut zu lachen. „Na, das ist ja mal eine saftige Rechnung", sagt sie kichernd. Sie eilt auf Herrn Kuchenbrand zu, um ihm hochzuhelfen.

„Es tut mir leid. Nichts passiert, oder?" Immer noch muss sie lachen. „Das sah einfach zu komisch aus."

Und gerade in dem Moment, als er aufschaut, hat ihr Gesicht wieder zur normalen Farbe gewechselt. Petronella atmet erleichtert auf.

„Verflixt und zugehext, das war knapp! Äh, ich meine – zugeschnürt!"

Herr Kuchenbrand und Frau Sander blicken Petronella irritiert an und sie gerät ins Stammeln.

„Oder … zugenäht? Na, egal. Hauptsache, es ist niemandem was passiert!"

„Genau!", besinnt Herr Kuchenbrand sich. „Frau Apfelmus, die Limo meiner Kinder ist leider ausverkauft. Als Ersatz wollte ich Ihnen ein Stück Torte anbieten …"

Da ergreift Lea die Gelegenheit. „Nehmen Sie doch gleich die ganze Torte! Im Tausch gegen zehn Kilo Ihrer leckersten Trauben. Als Nachschub für unsere Limo!"

„Das ist ein vorzügliches Angebot", stimmt Petronella zu und sie und Lea lächeln sich zufrieden an.

„Ist Lea nicht die geborene Unternehmerin?", fragt Herr Kuchenbrand und stupst seine Tochter augenzwinkernd an. Frau Sander nickt bewundernd.

Nun muss nur noch Luis seine richtige Gesichtsfarbe zurückbekommen. Lea sitzt auf seiner Bettkante, während die Apfelmännchen und Petronella, die sich wieder kleingehext hat, auf der Bettdecke stehen.

„Und wer von euch bringt mich jetzt zum Lachen?", will Luis wissen.

„Ich! Ich! Nein ich! Nein ICH!“, streiten sich Karottenwams und Rübenbach, bis Gurkenhut sie mit einer Geste zum Schweigen bringt.

„Männer!“ Stille. „Ich übernehme das.“ Er räuspert sich und baut sich vor Luis auf. Alle schweigen gespannt.

„Also“, beginnt Gurkenhut. „Gehen zwei … nein, drei Apfelmännchen in eine Bäckerei … nein, in den Zoo …“ Er kratzt sich am Kopf und Luis verdreht die Augen.

Da ertönt plötzlich ein Furzgeräusch. Rübenbach hat es mit seiner Hand unter der Achsel erzeugt. Alle prusten los. Endlich ist Luis kein Grünschnabel mehr – was für ein Glück!

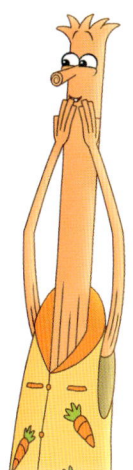

Blick in die Zukunft

Das Müllerhaus im Garten der Apfelhexe Petronella liegt verschlafen im Sonnenschein und ein paar Schmetterlinge taumeln über die Blumenwiese. Doch plötzlich werden sie aus ihrem trägen Tanz aufgeschreckt, denn eine Murmel fliegt aus dem geöffneten Kinderzimmerfenster und segelt in hohem Bogen durch die Luft.

„Oh nein!" Luis' Kopf erscheint am Fenster. „Meine Murmel!"

Seine Schwester Lea taucht neben ihm auf und kichert: „Das war's dann wohl mit deiner neuen Wurftechnik."

Zur gleichen Zeit geht Petronella Apfelmus mit der Maus Hilda im Gemüsebeet spazieren. Hilda berichtet aufgeregt von ihrem letzten Albtraum, in dem ein riesiges Monster vom Himmel gefallen sei.

„War ja nur ein Traum", versucht Petronella die Maus zu beruhigen und tätschelt ihre Schulter. „Ein wenig Gartenarbeit an der frischen Luft tut dir bestimmt gut."

„Meinst du?", fragt Hilda unsicher. „Aber was ist, wenn das Monster wiederkommt?" In dem Moment hören sie ein Zischen und Luis' Murmel, die fast so groß ist wie Hilda selbst, kommt auf sie zugeflogen. Die Maus stößt einen spitzen Schrei aus und ergreift die Flucht.

„Krötenkraut!", ruft Petronella, während sie zur Seite springt und ihren Zauberstab zückt.

„Lirum larum Apfelwein,
große Kugel wird ganz klein.
Hex Höx!"

Doch oje – Hilda stolpert und fällt der Länge nach hin! Da schrumpft zum Glück die Murmel auch schon und saust im letzten Moment über Hildas Ohren hinweg. Puh, das war

knapp. Die Murmel landet im Klee – direkt auf dem Kopf des Wichtels Nisse, der sich empört umschaut. Dann greift er danach und mustert sie. „Oh, Glitzer", murmelt er begeistert.

„Das war kein Monster, aber eine Monster*kugel*!", ruft Hilda aufgeregt. „Das gibt's doch gar nicht. Wie in meinem Traum, Petronella!"

Die Apfelhexe schaut sich um und runzelt die Stirn. „Hm, ich glaube, das war eher eine Murmel." Dann geht sie hinüber zum Klee und sucht. Doch Nisse ist bereits mit der geschrumpften Murmel davongeflitzt und versteckt sich hinter einem Stein.

„Aber wo ist sie bloß?", murmelt Petronella.

„Sie ist spurlos verschwunden!", ruft Hilda. „Dann war es auch noch eine *magische* Kugel." Ängstlich blickt sie nach oben. „Vielleicht fällt noch mehr vom Himmel. Du hast doch auch eine magische Kugel, Petronella. Kannst du so was nicht vorhersehen?"

Petronella schüttelt den Kopf. „Tut mir leid. Ich kann zwar hexen, aber nicht in die Zukunft sehen. Jetzt beruhige dich und geh nach Hause. Ich frage Lea und Luis."

Nisse beobachtet aus seinem Versteck, wie Petronella und Hilda verschwinden. Dann schaut er nachdenklich auf die Kugel. Plötzlich hat er eine Idee und grinst aufgeregt. „Na wartet! Kleine Wichtel mit Murmeln beschießen ..." Keckernd lacht er in sich hinein. Was er wohl im Schilde führt?

Hilda hat sich inzwischen auf den Heimweg gemacht. Da taucht plötzlich Nisse vor ihr auf. „Hallo Hilda! Äh ... du hast heute Glück", verkündet er mit wichtiger Miene.

„Hallo, Nisse." Hilda bleibt misstrauisch stehen. „Wie meinst du das?"

Der Wichtel holt die Murmel hinter seinem Rücken hervor.

„Also, das sehe ich in der ... äh ... Wurmel." Nur mit Mühe kann er ein Kichern unterdrücken.

„*Du* hast die Kugel?", fragt Hilda mit großen Augen.

„Keine Kugel", belehrt Nisse sie und lässt die Murmel auf einem Finger rotieren. „Eine *Wurmel*. Die fallen nur alle siebeneindreihundert Jahre vom Himmel und ... äh ... rollen immer zu einem Wichtel." Er wirft ihr einen geheimnisvollen Blick zu. „Wir schauen nämlich mit einer Wurmel in die Zu... na, wie heißt das noch? Äh ... Zukunft, genau!"

Hilda ist sichtlich beeindruckt und wird neugierig. „Und was siehst du da? Ich meine ... für mich?"

Nisse legt die Kugel auf einen Stein. Dann hebt er mit dramatischem Gesichtsausdruck die Arme und sagt mit tiefer Stimme: „Wurmel, Wurmel, sprich zu mir!"

Verstohlen blickt er zu einem kleinen Hügel hinter der Maus. Dort liegt ein Apfel, der nur von einem kleinen Stöckchen gehalten wird. Nisse hat anscheinend alles genau durchgeplant.

„Äh ... schließ die Augen, Hilda!", gluckst der Wichtel.

Hilda folgt artig seiner Anweisung. Nisse flitzt den Hügel hoch, zieht das Stöckchen weg, sodass der Apfel ins Rollen kommt, und flitzt blitzschnell wieder zur „Wurmel" zurück.

„Ich sehe Gefahr ...", murmelt er mit Grabesstimme.

Hilda lässt ängstlich die Ohren hängen und beginnt zu zittern.

„... aber du wirst gerettet!", ruft Nisse und zieht sie im letzten Moment zur Seite, während der Apfel vorbeirollt.

Geschockt reißt Hilda die Augen auf und schaut dem Apfel hinterher, dann fällt sie dem Wichtel um den Hals.

„Oh danke, Nisse! Du hast mein Leben gerettet!" Jetzt ist sie restlos überzeugt, dass er der größte Wahrsager aller Zeiten ist. „Kannst du mir noch was Schönes vorhersagen?"

„Klar! Was Schönes!"

Nisse schaut wieder konzentriert in die Wurmel. „Äh, also ich sehe ... du findest ... etwas gaaaanz doll Glitzerndes."

„Was? Das ist ja toll!" Hilda schaut sich um. „Das hätte ich

dir gar nicht zugetraut, Nisse! Ich mache mich gleich auf die Suche!" Freudestrahlend saust sie los und schaut hinter jedes Blatt und jeden Stein.

Der Wichtel beobachtet vergnügt, wie Hilda die Raupe Amanda trifft und ihr mit ausladenden Gesten von ihrem Abenteuer erzählt: „Du, Amanda, ich war gerade bei Nisse, es ist so erstaunlich, er kann nämlich in die Zukunft gucken!"

Amanda ist ganz gespannt, ob Nisse ihr auch etwas vorhersagen kann.

Nisse kichert in seinem Versteck begeistert vor sich hin. Was hat er nur vor?

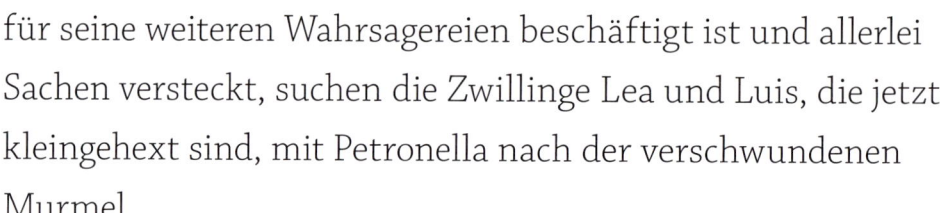

Während Nisse mit den Vorbereitungen für seine weiteren Wahrsagereien beschäftigt ist und allerlei Sachen versteckt, suchen die Zwillinge Lea und Luis, die jetzt kleingehext sind, mit Petronella nach der verschwundenen Murmel.

„Dachte ich's mir doch, dass das eure Murmel ist", sagt Petronella und streift ein paar Kleeblätter zur Seite.

„So ein Mist." Luis kommt mürrisch hinter dem Stein

hervor, wo vor kurzer Zeit noch Nisse gesessen hat. „Die Flugbahn meiner Murmel war genau berechnet."

„Tja, sie hat die Rechnung wohl ohne das offene Fenster gemacht", neckt Lea ihn. Grummelnd sucht Luis weiter und Petronella geht nachdenklich auf und ab.

„Ich hätte schwören können, dass sie hier irgendwo hingeflogen ist …" Doch die Suche geht weiter – und die Murmel ist wie vom Erdboden verschluckt. Der kleine Wichtel versteckt derweil heimlich irgendwelche Sachen im Garten …

Als Amanda nach dem Gespräch mit Hilda zu ihrem Wohneimer zurückkehrt, sitzt Nisse wie zufällig auf einem Stuhl an ihrem Gartentisch und schaut in der Gegend herum.

„Oh, hallo Nisse!", ruft Amanda erfreut.

Nisse tut ganz überrascht. „Ach, du bist es, Amanda. Äh, wie geht's dir denn so?"

Amanda blickt sich verschwörerisch um und senkt die Stimme. „Hilda meint, du hast eine magische Kugel."

Nisse tut überrascht, dann holt er schließlich die Kugel hinter seinem Rücken hervor. „Ach, die Wurmel! Ja, die ist vom Himmel gefallen." Und ganz beiläufig fügt er hinzu: „Damit kann ich in die Zukunft sehen."

Amanda rückt näher. „Steht da auch was für mich drin?"

Nisse *schaut* geheimnisvoll in die Kugel und kann nur mit Mühe ein Kichern unterdrücken, als Amandas Augen ganz groß werden. Sie platzt fast vor Neugierde.

„Tja, will mal sehen", murmelt der Wichtel. „Hm, ich sehe: Du entdeckst einen neuen … äh, nie dagewesenen Keksgeschmack. In einem … äh …

ganz fabelvollen Keks. Ja, schon ganz bald."

Amanda ist begeistert und schlägt ihre Raupenhände zusammen. „Oh Nisse, wenn das wahr ist, bist du der Größte!" Prompt macht sie sich auf die Suche, denn wie jeder weiß, kann sie keiner Leckerei widerstehen.

Nisse muss grinsen. „Ja, der Größte", wiederholt er zufrieden. Das klappt ja wie am Schnürchen. Wie sehr er es liebt, die anderen reinzulegen!

Lea und Luis suchen unterdessen noch immer mit Petronella nach der Murmel. Als ihnen Hilda über den Weg läuft und stolz verkündet, dass sie heute noch etwas ganz doll Glitzerndes finden wird, werden sie stutzig.

„Woher weißt du denn das?", hakt Lea nach.

„Nisse weiß es", erklärt die Maus. „Er hat es in seiner magischen Wurmel gesehen." Dann flitzt sie weiter.

„Magische Wurmel? Soso ..." Petronella runzelt die Stirn, denn sie erinnert sich, wie sie mit Hilda über magische Kugeln gesprochen hat. Und plötzlich war die Murmel weg. Wenn da mal nicht dieser verdrehte Wichtel dahintersteckt ...

Die Freunde gehen weiter und kommen an einem versteckten Keks vorbei. Wie kommt denn der dorthin?

Dann wird Petronellas Verdacht bestätigt: Sie sehen Amandas Wohneimer, und auf dem Tisch liegt die Murmel. Nisse sitzt davor, und es hat sich bereits eine Warteschlange gebildet. Die Apfelmännchen sind da und auch der Moosling, der gerade an der Reihe ist.

Nisse hebt theatralisch die Arme und schaut in die Kugel. „Wurmel, Wurmel, sprich zu mir!"

Luis runzelt die Stirn. „Aber ... da ist ja meine Murmel! Und Nisse will mit ihr sprechen? Der hat doch einen an der Waffel. Wartet, ich hol sie mir zurück." Er läuft auf den Wichtel zu, der ihn nicht bemerkt hat, sondern immer noch in seine Wurmel schaut.

„Ich sehe … ich sehe …"

„… dass du meine Murmel gefunden hast!", fällt Luis ihm ins Wort. „Danke, Nisse, aber ich nehme sie wieder mit."

Nisse blickt überrascht auf und umklammert die Kugel mit beiden Armen. „Äh, unmöglich. Das ist keine Murmel."

„Nein, Luis", schaltet sich nun auch Gurkenhut ein. „Das ist eine Wurmel."

„Mit der kann Nisse in die Zukunft sehen", ergänzt Rübenbach eifrig.

Und Karottenwams erklärt: „Das hat er auch schon für Hilda und Amanda gemacht."

Luis verschränkt die Arme. „Dass ich nicht lache." Plötzlich fällt ihm der Keks wieder ein und er grinst. „Und warum ist dann dahinten im Gebüsch ein Keks versteckt, hm?"

Nisse schaut erschrocken die anderen an, doch da läuft eine begeisterte Amanda an ihnen vorbei. „Hat da jemand Keks gesagt? Der fabelhafte Keks ist schon hier im Gebüsch?" Jubelnd stürzt die Raupe sich auf das Gebäck und rollt es an den Freunden vorbei in ihren Eimer.

„Ich hab ihn! Nisse, du bist wirklich der größte Wahrsager aller Zeiten!"

Während Luis verdutzt auf den Keks schaut und nicht mehr weiß, was er nun sagen soll, wippt Nisse triumphierend auf seinem Sitz herum.

„Ich bin der Größte! Ich bin der Größte!", singt er vergnügt.

Gurkenhut tippt dem ratlosen Luis auf die Schulter. „Und jetzt stell dich hinten an, Luis. Nicht vordrängeln."

Karottenwams nickt eifrig und zeigt ans Ende der Schlange. „Dann kriegst du bestimmt auch so eine schöne Voraussage, hö, hö, hö!"

Petronella und Lea haben das alles kopfschüttelnd aus dem Verborgenen beobachtet.

„Dieser Schummler schafft es tatsächlich, alle reinzulegen", flüstert Lea staunend.

Petronella lächelt verschmitzt. „So sieht es aus ... Aber wer anderen eine Grube gräbt ..." Sie schnippt mit den Fingern und fährt geheimnisvoll fort: „Hm ... Vielleicht sind wir Nisse einfach ein bisschen behilflich."

Sie schiebt Lea nach vorn und die reiht sich mit ihrem Bruder in die Wahrsageschlange ein.

Nisse blickt konzentriert in die Kugel und die Apfelmännchen schauen gebannt zu.

„Ich sehe ... ich sehe ... ein tolles Werkzeug!", ruft Nisse und sieht verstohlen zur Seite, wo die Spitze eines Schraubendrehers aus dem Gebüsch ragt. „Schließt die Augen! Also ... alle!"

Die Apfelmännchen gehorchen brav.

Petronella in ihrem Versteck schwingt leise kichernd den Zauberstab.

„Lirum larum Apfelstiele, aus einem Werkzeug werden viele. Hex Höx!"

Gerade als Nisse zu dem Schraubendreher flitzen will, öffnet Gurkenhut ungeduldig ein Auge und ruft staunend: „Du bist ja ein Genie, Nisse!"

Der Wichtel stutzt. Auch die anderen Apfelmännchen haben nun die Augen aufgerissen und starren verdutzt hinter ihn.

„Voll verharzt!", ruft Rübenbach. „Und schneller als gedacht."

Nisse dreht sich um und zuckt erschrocken zusammen. Hinter ihm ist nicht nur ein Schraubendreher zu sehen, sondern gleich ein ganzer Haufen!

„Oh, ich ...", murmelt der Wichtel verblüfft vor sich hin, „hier stimmt doch was nicht ..." Verwundert schaut er sich um, kann aber nichts Verdächtiges entdecken.

„Jetzt bin ich dran!" Karottenwams hat sich nach vorne gedrängt. „Wann hab ich mal wieder so ein richtig gruseliges Zähneklappern? Ich liebe Gruselgeschichten!"

Nisse ist verunsichert, macht aber weiter. „Äh ... Wurmel, Wurmel, sprich zu mir!"

Wieder schwingt Petronella im Versteck ihren Zauberstab:

„Lirum larum Apfelkompott,
Zähne klappern, schlotterdischlott.
Hex Höx!"

Plötzlich fängt Karottenwams heftig an zu schlottern. „Oh, es fröstelt mich!", ruft er mit klappernden Zähnen. „Wie toll ist das denn? Und ganz ohne Gruselgeschichte!"

Nisse ist völlig überrumpelt und schiebt noch schnell eine Voraussage hinterher: „Äh ... vielleicht jetzt!"

Nun drängt sich Luis von hinten heran und fragt

freundlich: „Und ich wüsste gern, wann ich meine verloren gegangene Murmel wiederfinde?"

Nisse wischt sich den Schweiß von der Stirn. „Also, ich … äh, die Wurmel braucht eine kurze Pause." Damit greift er nach der Murmel und läuft davon. Völlig kopflos rennt er dabei Hilda über den Haufen und plumpst unsanft zu Boden.

„Nisse!", ruft die Maus eifrig. „Frag die Wurmel doch bitte noch mal, in welcher Ecke des Gartens die glitzernde Sache liegt!"

Nisse starrt auf die Murmel und bringt kein Wort heraus.

Petronella schwingt erneut fröhlich ihren Zauberstab.

Noch ehe Nisse sich besinnen kann, blitzt es hinter ein paar Grashalmen auf.

„Daaaaa! Oh, ist die schön", jubelt die kleine Maus, flitzt los und setzt sich eine kleine, glitzernde Krone auf den Kopf, die sie im Gras gefunden hat.

Sie dreht sich zu Nisse um und will sich bedanken, doch
der hat die Murmel gepackt und die Flucht ergriffen. Er saust
im Zickzack durch den Garten und hält schließlich hinter
einem Baum inne, um zu verschnaufen. Da steckt Rübenbach
seinen Kopf hinter dem Stamm hervor.

„Du, Nisse, ich wollte fragen, ob …"

„Nein!!!", schreit Nisse und flitzt davon. Auf einem Hügel
bleibt er keuchend stehen und lässt die Murmel nach unten
rollen.

„Los, verschwinde, du blödes Ding!"

Erleichtert schaut er hinterher. Doch plötzlich erscheint der
Moosling vor ihm, die Kugel in den kleinen Händen, und
reicht sie dem Wichtel freudestrahlend zurück.

Nisse ergreift sie und läuft damit zum Teich. Verstohlen
schaut er sich um, ob ihn auch niemand beobachtet, dann

lässt er die Kugel mit einem lauten PLATSCH ins Wasser plumpsen. Doch Petronella beobachtet ihn dabei. Sie schwingt ihren Zauberstab, und die Murmel hüpft wieder aus dem Wasser heraus – mitten in seine Arme hinein. Verdattert fängt der Wichtel sie auf und plumpst auf den Rücken. Er bleibt erschöpft liegen, die Kugel auf dem Bauch.

Ein Schatten fällt über ihn und er öffnet vorsichtig die Augen. Es ist Luis.

„Alles okay, Nisse?"

Der Wichtel streckt die Arme mit der Murmel nach oben.

„Nein. Doch. Hier! Deine Murmel. Ich brauch sie nicht mehr."

Luis nimmt die Murmel an sich. „Eine *Murmel*? Bist du sicher?"

„Ja!", murrt Nisse müde. „Ich kann damit gar nicht die Zukunft sehen."

Luis reicht Nisse die Hand und hilft ihm auf. Petronella ist auch im Anmarsch, gefolgt von Lea, den Apfelmännchen, Amanda, Hilda und dem Moosling. Sie alle schauen den Wichtel halb mitfühlend, halb vorwurfsvoll an.

„Tut mir leid, dass ich euch alle angeschwindelt habe", sagt er zerknirscht.

Petronella lächelt. „Und ich entschuldige mich dafür, dass ich dich ein kleines bisschen hereingelegt habe."

„Du warst das alles?" Nisse schaut sie empört an. „Hätte ich mir ja gleich denken können." Er schmollt einen Moment, doch dann hat er eine Idee. „Kannst du vielleicht noch ein-, zweimal für mich hexen?", fragt er die Apfelhexe. Sie tuscheln eine Weile, dann nickt Petronella und lächelt verschmitzt.

Nisse baut sich vor seinen Freunden auf und räuspert sich.

Noch einmal hebt er theatralisch die Arme über die Murmel in Luis' Händen.

„Wurmel, Wurmel! Ich sehe – eine große Entschuldigung von einem Wichtel. Und dann – eine noch viel größere Überraschung für alle!"

Die anderen jubeln.

Gesagt, getan. Nisse macht sich sofort an die Arbeit. Und so kommt es, dass am Abend vor Amandas Wohneimer eine tolle Gartenparty steigt, wie die Freunde sie lange nicht mehr erlebt haben. Die Sträucher sind festlich geschmückt. Die Murmel dient als Diskokugel und wirft buntes Licht auf die Tanzfläche. Während Nisse den Apfelmännchen Limo serviert, tanzen Hilda und Amanda ausgelassen zur Musik. Petronella und die Zwillinge spielen mit Murmeln und Luis kann endlich seine neue Wurftechnik üben.

Lea sieht sich lächelnd um. „Eins müssen wir Nisse lassen: So gut war die Stimmung schon lange nicht mehr."

Da hebt Petronella bedeutungsvoll die Arme zur Murmel und verkündet verschmitzt: „Wurmel, Wurmel – ich sehe: So gut bleibt sie noch ganz lange!"

FOLGE DER

Buchstaben Bande

Lesen! Basteln! Zeichnen!

Bei der BuchstabenBande findest du Vorlesevideos,
Buchempfehlungen, Basteltipps, Zeichenvideos und
alles rund ums Kinderbuch.

YouTube **BuchstabenBande**

Und höre unseren
BuchstabenBande
Podcast

buchstaben_bande

BuchstabenBande